Louis Proal

Les suicides par misère à Paris

Essai

Louis Proal

Les suicides par misère à Paris

Essai

Table de Matières

Introduction

En étudiant les dossiers de suicides classés au Parquet de la Seine, j'ai été frappé du nombre de morts volontaires déterminées par la misère imméritée. Magistrat en province pendant de longues années, j'avais bien constaté quelques cas de misère aboutissant au suicide. J'avais même entendu plusieurs fois une parole, qui exprime autant que le suicide les horribles souffrances des pauvres, et qui est employée couramment en Provence par les femmes de la campagne : quand elles veulent dire qu'elles ont perdu des enfants, elles disent : « *Le bon Dieu m'a aidée.* » J'avais aussi constaté quelques cas de mort produits par défaut de nourriture. Mais combien les misères de Paris ne sont-elles pas plus nombreuses, plus différentes, plus atroces ! En 1836, le docteur Leuret écrivait qu'on ne comptait guère à Paris plus de 7 à 8 suicides par misère chaque année ; aujourd'hui on en compte de 300 à 350. Un très grand nombre d'ouvriers, je le sais, tombent dans la misère par leur faute, par suite de leurs habitudes de paresse, de débauche et d'intempérance. Mais un grand nombre d'autres ouvriers, de petits employés, de petits commerçants, de jeunes et de vieilles ouvrières sont très malheureux, sans avoir rien à se reprocher. Par suite des chômages forcés, de l'insuffisance des salaires, de la maladie, du grand âge, des infirmités, des blessures reçues dans un accident professionnel, beaucoup tombent dans une misère noire, et lorsqu'ils n'ont plus de pain à manger ou à donner à leurs enfants, lorsqu'ils n'ont plus de vêtements à mettre, ou qu'ils sont chassés de leur domicile, ils vont se pendre, ou se noyer, ou s'asphyxier, ou se briser la tête d'un coup de revolver, ou s'enfoncer un couteau dans la poitrine, ou s'empoisonner.

Au moment où la société est l'objet de tant d'attaques, n'est-il pas imprudent de signaler les nombreuses misères imméritées, qui aboutissent au suicide ? Cette crainte de fournir un aliment à d'injustes déclamations m'a fait un instant hésiter à publier mon enquête, mais de nouvelles réflexions m'ont fait passer outre. Tout d'abord, en dépit des apparences contraires, je crois qu'il est toujours utile de faire connaître la vérité. On verra, en effet, par les détails dans lesquels j'entrerai, que beaucoup de misères imméritées tiennent à la maladie, aux accidents, aux infirmités, à

Louis Proal

une foule de causes dont la société n'est pas responsable. Quant à celles qui viennent des imperfections de la société, il me semble aussi que c'est un devoir de signaler ces imperfections, afin de les corriger et de proposer les réformes nécessaires. Enfin, c'en est un aussi, je pense, que de faire connaître aux heureux de ce monde combien, dans ce brillant Paris, il y a de malheureux qui souffrent, combien sont tristes les dessous de la grande ville, combien surtout sont imméritées les misères qui conduisent au suicide.

Section I

Les désespérés qui se tuent, pour échapper à la misère, ne sont ni des mendiants, ni des vagabonds : ceux-ci, en général, ne se suicident pas. Mais, à côté de la misère qui se résigne facilement à vivre de mendicité, il en est une autre qui n'implore pas la pitié, qui se cache, qui souffre en silence, qui ne sollicite pas l'aumône, qui ne demande que du travail. Dans son livre sur Paris, Maxime Du Camp a écrit que, sur cent mille indigents, il y en avait à peine cinquante d'intéressants. J'ai entendu répéter la même chose par une sainte religieuse de Saint-Vincent-de-Paul, qui passe sa vie à visiter les pauvres. Mais les pauvres que Maxime Du Camp a étudiés et que visite la religieuse, ne sont pas ceux qui se suicident. Les désespérés qui se tuent sont des pauvres honteux, fiers et timides ; le plus souvent on ne connaît pas leur misère ; leur fierté touche quelquefois à la sauvagerie ; ils évitent les relations trop intimes avec leurs voisins, pour cacher leur état de gêne ; très rarement ils demandent des secours. Dans plusieurs milliers de procès-verbaux de suicides par misère que j'ai lus, je n'ai trouvé qu'à peine quelques demandes de secours. Le cri de douleur qui s'en échappe est presque toujours provoqué par le manque de travail ou par l'insuffisance des salaires.

On entend souvent dire que l'ouvrier laborieux et honnête trouve facilement du travail à Paris, que Paris « est le paradis terrestre des ouvriers ». Ce n'est pas l'avis de ceux qui meurent de faim ou qui se tuent. Un ouvrier qui vient de se suicider pour manque de travail a laissé une lettre où je lis les lignes suivantes : « L'enfer est sur terre ; le paradis est sous terre. » L'encombrement est tel à Paris, les provinciaux, les étrangers y accourent en si grand nombre, qu'il n'y a pas de travail pour tout le monde, même en temps normal. En 1897, le travail a manqué plus encore que les autres années, et le nombre des suicides s'est accru ; pendant les mois de juin et de juillet, j'ai relevé quelquefois trois, quatre suicides par misère le même jour. Des ouvriers mariés, pères de famille, cherchent du travail pendant plusieurs semaines sans en trouver ; durant ce temps, les petites ressources du ménage s'épuisent, les dettes se contractent. Chaque matin, l'ouvrier part à la recherche du travail ; un soir la femme et les enfants qui attendent avec impatience son retour ne le voient plus revenir ; la police avertie le recherche ; elle le trouve noyé ou pendu à un arbre du bois de Boulogne « J'erre depuis le matin, écrit un père à son fils ; je ne trouve pas de place… Je ne sais trop si c'est l'eau ou la corde qui me servira… Ce soir, quand tout le monde sera parti du bois, je crois faire mon affaire. » On le trouva pendu au bois de Boulogne. Sur un ouvrier âgé de quarante-deux ans, on a trouvé la lettre suivante adressée au commissaire de police (à Paris, presque tous les désespérés, avant de se donner la mort, écrivent au commissaire de police, pour faire connaître les causes de leur suicide et leurs dernières volontés) : « Je sais qu'on ne doit pas mettre fin à sa vie ; je dois donc vous dire le motif qui me force à me donner la mort. Je me suicide parce que je vois venir la misère ; je ne veux rien demander à personne. Je ne voulais que du travail. » — Le 20 juin, un ouvrier imprimeur, âgé de soixante-neuf ans, se donne la mort ; quelques jours auparavant, il avait écrit à un ami : « Je cours Paris en tous sens, malheureusement, jusqu'ici je n'ai encore rien pu trouver. Je suis désespéré, car je suis à bout de ressources et honteux de moi-même. » — « Je suis sans travail, bientôt je serai sans pain ; je prends donc le parti d'en finir », écrivait un autre ouvrier, âgé de trente-huit ans, avant de se tuer. S'il est une catégorie d'ouvriers qui inspire moins d'intérêt qu'une autre, c'est assurément celle des cochers ; ils sont souvent grossiers, ils fatiguent les voyageurs par leurs exigences et les passants par les injures qu'ils leur prodiguent, même après les avoir écrasés. Les nombreux suicides de cochers que j'ai observés me permettent cependant de dire qu'ils sont plus malheureux qu'on ne le croit, et que beaucoup d'entre eux valent mieux qu'on ne le suppose. Il y a parmi eux un certain nombre de prêtres défroqués,

Louis Proal

d'anciens séminaristes, véritablement malheureux. Un de ceux-ci, qui dernièrement s'est suicidé par misère, se plaignait dans une lettre qu'il a laissée du peu de rendement de sa journée. Un autre, âgé de soixante ans, avant de se suicider avec sa femme, ouvrière mécanicienne, et son fils âgé de dix ans, écrivait au commissaire de police une lettre, que je crois devoir reproduire en entier, à cause des détails qu'elle contient :

« Il y a un mois que ma femme et moi avons décidé ce que nous allons exécuter cette nuit, nous donner la mort par asphyxie.

« Les 11, 12, 13 et 14 novembre dernier étaient mes quatre dernières journées de travail ; mes recettes montaient à 67 fr. 50 et je devais en payer 68 ; il me fallait donc prendre chez moi 50 centimes pour payer la voiture et les frais de cour, d'éclairage et de place ; j'avais donc travaillé quatre jours, c'est-à-dire une moyenne de soixante-quatre heures sans rien gagner et j'étais obligé d'ajouter 50 centimes pour satisfaire mon patron.

« Pour comble de misère, le 14, ma femme m'apprit que la veille, à 7 heures du soir, nous avions reçu notre congé par huissier ; c'est alors qu'après avoir réfléchi je me décidai à en finir.

« Depuis cinq années que je fais ce métier qui m'a toujours répugné, j'ai emprunté aux parents et aux amis plus de 500 francs, que je n'ai pu rembourser. J'ai eu deux contraventions injustement faites ; chaque contravention m'a jeté dans une profonde misère. Enfin, je me suis décidé à demander un secours au ministère de la guerre, car j'ai quatorze années de service militaire, j'ai été employé dans les bureaux de l'état-major général du gouverneur de Paris ; j'ai ajouté à ma lettre mon congé par huissier. On aurait probablement préféré y trouver un billet de confession ; mais les miens et moi n'avons jamais mangé de ce pain-là et préférons à toute espèce d'hypocrisie… la mort.

« Nous faisons partager notre sort à notre enfant ; nous avons trop souffert pendant toute notre vie, pour commettre la lâcheté de l'abandonner dans une société aussi canaille que la nôtre.

« Depuis trente jours, nous avons bien réfléchi ; nous avions l'intention de l'envoyer auprès de parents, mais nous avons craint que, par la suite, on lui fît prendre le chemin de l'Assistance publique. En l'emmenant avec nous, nous lui épargnons bien des douleurs, et enfin il serait monstrueux de ma part qu'ayant le courage de me soustraire aux ignominies de cette société, j'y laissasse un fils, qui n'aurait que la misère en perspective. »

Ce n'est pas toutefois parmi les cochers, mais parmi les petits employés, les représentais de commerce, courtiers ou voyageurs, que j'ai constaté à Paris le plus de suicidés par misère. Par suite de l'éducation inintelligente qui leur est donnée, les fils d'artisans ont pris en horreur le travail manuel, ils veulent faire des écritures, avoir un petit emploi. On me donnait ces jours derniers ce détail instructif : de jeunes sacristains se font renvoyer parce qu'ils trouvent trop pénible l'obligation d'essuyer la poussière des autels. Les fils de paysans ne veulent plus cultiver la terre, ils trouvent que c'est trop fatigant de manier la pioche, de conduire la charrue, de supporter en plein champ les rayons du soleil. A une récente audience, nous avions à juger un jeune homme prévenu de vol, originaire de la province ; son père, appelé à fournir des renseignements à la justice, a répondu : « Mon fils m'a quitté, parce qu'il ne veut pas travailler la terre ; il est allé à Paris chercher un emploi. » N'ayant pas trouvé cet emploi, il avait volé.

Ce sont quelquefois les parents eux-mêmes qui sont responsables de l'éloignement qu'ont les enfants pour le travail manuel. Bon nombre d'artisans et de paysans, par sotte vanité, ne veulent plus faire de leurs enfants des artisans et des paysans ; ils veulent en faire des employés, des fonctionnaires, des clercs de notaire ; ils contrarient même la vocation des enfants, lorsque ceux-ci veulent se faire ouvriers. Tel est le cas du fils d'un livreur, que ses parents s'obstinaient à tenir sur les bancs de l'école. L'enfant, âgé de quatorze ans, intelligent, affectueux, très avancé, ayant l'horreur de l'immobilité qu'on lui imposait, fatigué de toutes les notions de géographie, d'histoire, de physique, de chimie qu'on entassait dans sa tête, ayant besoin d'exercice, de mouvement, demandait instamment à ses parents à apprendre un métier : ceux-ci, qui rêvaient d'en faire un « monsieur », un petit employé, restèrent sourds à toutes les supplications de l'enfant ; désespéré de leur refus, il se pendit. Parmi les hommes qui se sont présentés, pour trouver un emploi, à l'*Union d'assistance par le travail* du Marché Saint-Germain, depuis la fondation, en mai 1892, jusqu'à la fin de décembre 1895, figuraient 47 comptables et caissiers, 14 employés en nouveautés, 27 représentants de commerce, 62 hommes s'occupant d'écritures et de publicité. Ceux-là ont fini par se placer. Mais combien d'autres n'y réussissent pas et finissent par se suicider ! Le 16 juin dernier, un jeune comptable, âgé de vingt-deux ans, s'asphyxie, après avoir écrit à ses parents, qui demeurent en province, qu'il est sans place, qu'il a lutté pendant deux ans contre l'infortune, et qu'il ne se sent plus la force de la supporter : « J'ai assez vécu à vingt-deux ans, ajoute-t-il… Je m'arrête, la tête devient lourde. Adieu, mon père. Adieu, ma mère. Gardez cette lettre, mes larmes la baignent. » En mars 1897, un étudiant en médecine, ayant épuisé ses ressources et ne trouvant pas d'emploi, s'est noyé pour échapper à la misère. Un courtier de commerce, nourri par sa femme, qui gagnait 3 fr. 50 par jour, ne voulant plus lui être à charge, se tue, parce qu'il ne trouvait pas de place, en laissant les lignes suivantes : « Je quitte sans regret cette terre, où je n'ai pas demandé à venir. Je vais voir si l'autre monde vaut mieux. »

— La directrice de la maison de travail d'Auteuil me disait qu'elle était frappée, elle aussi, du grand nombre de comptables, commis aux écritures, clercs de notaire, d'avoué, employés, qui venaient lui demander une place. Ayant délaissé le travail manuel pour courir après un petit emploi, ils sont très difficiles à caser. Mais ce qui est plus difficile, c'est d'abord de leur ôter de l'esprit cette croyance qu'un diplôme de bachelier, un brevet supérieur suffisent pour faire trouver une place, et de leur faire ensuite entrer cette idée dans la tête qu'à défaut d'une place de commis aux écritures, ils doivent se résigner à un travail manuel.

Cette résignation à un travail manuel est surtout pénible pour la jeune fille qui a un brevet d'institutrice et qui ne trouve pas à se placer. On a tellement multiplié les brevets, qu'il n'y a pas de places pour toutes les jeunes filles qui en sont pourvues. Que deviennent celles qui n'ont pas de place ? Elles tombent dans la galanterie vénale ou dans une affreuse misère, qui les conduit au suicide [1]. Il y a quelques mois, à Paris, une jeune institutrice, âgée de dix-neuf ans, fille d'un garçon de magasin, demeurant avec son père et une petite sœur, rentra à son domicile dans l'après-midi et pria la concierge de lui garder sa petite sœur jusqu'à sept heures. Elle monta dans sa chambre et se tira, dans la région du cœur, un coup de revolver qui la foudroya. Son père a fait connaître les motifs de ce suicide dans les termes suivants : « Ma fille est revenue de Russie, où elle était institutrice ; humiliée de sa condition présente, elle ne voulait pas se remettre au travail comme une ouvrière et ne voulait pas non plus épouser un ouvrier. Elle disait qu'elle aimait mieux mourir que d'être réduite à cette extrémité. » Les voisins confirmèrent cette déclaration. On trouva, au surplus, sur une table, dans la chambre de la jeune fille, une lettre au commissaire de police. Voici cette lettre : « Monsieur, je meurs de mon plein gré, en pleine possession de mes idées et en toute liberté, pour la seule raison que je ne suis pas assez forte pour affronter les difficultés de la vie… Je veux qu'on éloigne de moi ma sœur et qu'elle ne me voie pas. Qu'on lui dise simplement que je suis allée retrouver ma mère, qu'elle doit être sage, ne pas pleurer, car je suis bien heureuse, et penser quelquefois à moi, car je l'aimais beaucoup.

« Et maintenant, monsieur, je vous en supplie, qu'il soit fait selon mon désir ; je voudrais qu'un fourgon m'emmène le plus vivement possible et que l'on me fasse brûler. Nous sommes pauvres, je ne veux aucun service funèbre ; je ne veux pas la charité, pas plus que les regrets inutiles. » — Cette jeune fille de dix-neuf ans s'est suicidée le sourire sur les lèvres ; on a remarqué que, lorsqu'elle rentra pour se tuer, elle souriait plus que d'habitude ; elle était heureuse de se délivrer de la vie, pour échapper à l'obligation de se remettre au travail manuel.

Eût-elle été plus heureuse si elle s'y fût résignée ? Le sort des ouvrières à Paris est profondément triste, parce que leur salaire est insuffisant, et qu'elles manquent souvent de travail. Jeunes, elles sont tentées de demander un surcroît de ressources à la galanterie [2] ; ou en voit beaucoup s'asphyxier ou se noyer surtout quand elles ne sont plus jeunes. Il est difficile de savoir le nombre exact des couturières qui se jettent dans la Seine par misère, car les parents cachent quelquefois le motif du suicide, les voisins ne le savent pas toujours, les désespérées elles-mêmes le tiennent secret ; on retire aussi de la Seine des cadavres de femmes, sans pouvoir parvenir à établir leur identité. Un certain nombre de femmes pauvres travaillent dans leur chambre, sans autre compagnon qu'un chat ou un oiseau ; elles ne sortent que pour aller chercher du travail ou pour le rendre ; elles évitent avec soin toutes relations avec leurs voisins. Un jour, la concierge ne les voit plus

Louis Proal

descendre ; elle monte, elle frappe ; personne ne répond ; la police avertie arrive, fait ouvrir la porte et trouve la malheureuse femme étendue morte sur son lit, le chat asphyxié à côté de sa maîtresse ; elle fait une enquête et arrive à cette conclusion que je lis sur un certain nombre de procès-verbaux : « La défunte était depuis longtemps sans travail et ne pouvait plus subvenir à ses besoins. » Le médecin, appelé à constater le suicide, trouve un corps d'une maigreur extrême, attestant les privations, la souffrance habituelle, le manque de nourriture.

Assez souvent ces pauvres femmes, qui ne demandent que du travail, qui passeraient sans murmure une partie de la nuit à coudre, pour gagner le pain nécessaire, laissent une lettre pour expliquer le motif de leur suicide. Le 17 juin dernier, une couturière s'asphyxie après avoir écrit ces simples mots : « Je préfère la mort à la misère. » — Le 30 du même mois, une femme âgée de soixante-cinq ans est trouvée agonisante sur son lit ; interrogée, elle dit qu'elle a avalé du laudanum parce qu'elle mourait de faim. — Une autre femme, qui était garde-malade, après avoir allumé son réchaud, écrivait : « Voilà une demi-heure que la grille brûle, c'est plus long que je ne croyais. Je vois venir la mort avec calme. C'est une chose profondément triste, qu'une femme courageuse et pleine de bonne volonté soit forcée de chercher le repos dans la mort. Si j'avais eu seulement un peu d'aide, j'aurais pu sortir d'embarras, car je sais travailler. J'ai demandé 200 francs à emprunter à des gens immensément riches et pour qui je me suis dévouée autant qu'une femme peut le faire. On ne m'a pas répondu. Aussi, me voyant sans amis, sans rien, ne voulant pas supporter la misère, je vais rejoindre les miens. Je quitte cette terre sans regret. J'ai tant souffert ! Mes idées se troublent, je sens que je vais dormir du grand sommeil. Je trouverai le repos, le calme ; c'est si bon ! »

On croit généralement que la misère imméritée est plus grande à Paris pour tous les corps de métier l'hiver que l'été ; c'est le contraire qui est vrai, pour l'alimentation et le vêtement, parce qu'il y a plus de chômage l'été que l'hiver : par suite du départ des personnes riches pour la campagne, les fournisseurs, bouchers, boulangers, pâtissiers, ainsi que les modistes, couturières, etc., renvoient une partie de leurs ouvrières. Pour toutes les femmes qui vivent de la couture, le travail est moins abondant l'été. Pendant les mois de juin et de juillet derniers, j'ai constaté plus de suicides par misère que pendant l'hiver [3].

Si des ouvriers, si des ouvrières, en temps normal, en bonne santé, manquent quelquefois de travail et se tuent de désespoir, combien leur situation devient-elle plus cruelle, quand la maladie leur rend le travail impossible ! Le 4 septembre 1897, un ajusteur mécanicien, âgé de vingt-six ans, atteint d'une maladie nerveuse, forcé de suspendre son travail, quitte son atelier, rentre à son domicile, prend un revolver et se tue après avoir écrit les lignes suivantes : « Lorsque l'on est obligé de travailler pour vivre et que l'on ne peut plus travailler, quand on n'a pas le caractère à mendier son pain, on n'a qu'une chose à faire ; je la fais. » On sait combien il y a de phtisiques à Paris, surtout dans les quartiers mal aérés. Il arrive un moment où l'ouvrier atteint de phtisie ne peut plus travailler ; il épuise vite ses ressources, la misère vient, alors le désespoir s'empare de lui et il se tue, comme cet ouvrier serrurier, que la phtisie força à suspendre son travail. Au bout de quinze jours, ses économies épuisées, il vendit un à un les quelques objets qui lui restaient, puis il s'asphyxia, après avoir tracé ces deux lignes : « Je désire être enterré civilement avec les cheveux de ma mère qui sont à côté de moi/. »

La situation des épileptiques est plus navrante encore que celle des phtisiques ; pour se placer, ils cachent leur maladie, mais bientôt la crise éclate, et le patron ne voulant pas chez lui un épileptique le renvoie. Le malheureux, après bien des efforts, se replace une deuxième fois, espérant toujours qu'il rencontrera un patron qui lui pardonnera son infirmité ; le patron, dès qu'il la connaît, le renvoie de nouveau. Toujours désireux de travailler, le malheureux épileptique se replace une troisième fois, une quatrième fois. A la suite de renvois successifs, découragé, désespéré il se délivre de ta vie. Parmi ces cas de suicides, j'ai noté celui d'une jeune fille âgée de dix-huit ans, qui, ayant été renvoyée plusieurs fois des maisons où elle était placée, à la suite de crises d'épilepsie, se jeta de désespoir par la fenêtre.

La situation de l'ouvrier blessé dans son travail, congédié par son patron, à cause de sa blessure, et ne pouvant obtenir d'indemnité est aussi triste que celle de l'ouvrier épileptique ou phtisique. Après seize ans de discussion, les Chambres viennent enfin de voter une

Louis Proal

loi pour venir à son secours. Avant cette loi, dans bien des cas, l'ouvrier blessé, devenu impropre à tout travail, ne pouvant obtenir d'indemnité, tombait dans une affreuse misère et se tuait souvent de désespoir. Quelques patrons sont humains et conservent les ouvriers qu'un accident a rendus moins propres au travail. D'autres les congédient. J'ai observé plusieurs suicides d'ouvriers ainsi jetés sur le pavé. Le 28 octobre 1897, un garçon de magasin, blessé par la chute d'un lustre, est renvoyé parce qu'il ne pouvait se servir de son bras ; très affecté de ce renvoi, ayant cherché du travail pendant quatre mois, sans en trouver, il se tue. Un autre ouvrier, ayant été brûlé dans une explosion de mine, est congédié par son patron et va se pendre. Un ouvrier marié, père de quatre enfants, après avoir travaillé onze ans pour le même patron, devient moins propre au travail et est congédié ; désespéré, il demande à reprendre son travail ; pendant plusieurs jours on le voit rôder autour de l'atelier où il voudrait rentrer ; un jour, il y pénètre, se dirige vers l'escalier et se précipite de la fenêtre, après avoir écrit à son patron la lettre suivante : « Depuis les onze ans que je suis à votre service, je vous jure que je vous ai servi loyalement. Je vous recommande ma femme et ma petite fille. »

On s'effraye avec raison de la diminution des naissances, des mariages tardifs, volontairement inféconds et devenus moins nombreux ; mais, par suite de causes multiples, économiques, sociales, politiques, dans le détail desquelles je ne puis pas entrer ici, le mariage et la paternité sont devenus des fardeaux très lourds à porter dans les grandes villes et à Paris surtout. Non seulement la vie est très chère pour tout le monde, mais elle est particulièrement difficile pour l'ouvrier marié ; non seulement, ils ont plus de charges, mais ils ont plus de difficultés que les célibataires pour trouver du travail et pour se loger. En effet, si un ouvrier marié, père de famille, est tué dans un accident, le patron, dont la responsabilité est engagée, est tenu de payer une indemnité à la femme et aux enfants. Il est affranchi, au contraire, de cette obligation, si la victime de l'accident est célibataire. Il y a des patrons qui, pour ce motif, recherchent de préférence les ouvriers célibataires. On sait aussi que les familles nombreuses inspirent une véritable terreur aux propriétaires, qui préfèrent souvent aux mères de famille les filles galantes sachant se mettre à l'abri de la maternité.

Il y a quelques jours à peine, on me racontait l'extrême difficulté qu'avait eue une ouvrière de Montrouge à trouver un logement, parce qu'elle a cinq enfants : « J'ai cru que je ne parviendrais pas à me loger, disait cette pauvre mère de famille ; personne ne voulait m'accepter à cause de mes cinq enfants. » Enfin, on verra, dans le cours de cette étude, que les secours de l'Assistance publique sont plutôt accordés aux filles-mères qu'aux femmes mariées.

Aussi est-ce dans les lettres écrites par des ouvriers mariés, pères de famille, qui se tuent de désespoir parce qu'ils ne peuvent plus nourrir leur femme et leurs enfants, que j'ai trouvé les cris de douleur les plus déchirants. Un ouvrier serrurier sans ouvrage et devant deux termes de loyer, se décide à se tuer, après avoir écrit la lettre suivante : « Chère femme, ne m'en veux pas de te quitter si brusquement et dans la position où je te laisse, car, voyant qu'avec toute la volonté que j'avais de travailler je n'ai pu trouver à m'employer depuis cinq semaines, et que tu n'oses plus aller emprunter, je me décide, quoique à regret, à partir pour l'autre monde. Je t'en prie, chère femme, ne fais pas comme moi, n'abandonne pas tes enfants et surtout ne leur apprends pas à me mépriser. Ma dernière pensée est pour vous et surtout pour notre fils qui ne connaîtra jamais son père. Je vous embrasse tous. » Ce malheureux ouvrier se tira trois balles à la tête, sans pouvoir se tuer ; tout couvert de sang, il lava ses blessures pour en examiner la gravité, puis, après un moment d'hésitation, il se tira une quatrième balle au sein gauche : celle-là lui donna la mort. — Un menuisier, père de quatre enfants, désespéré de la misère où il est tombé, se suicide, après avoir écrit à sa femme : « Je te demande pardon, ma Louise, et à vous aussi, mes chers enfants, de toute la peine que je vais vous faire. Ne me blâmez pas trop, plaignez plutôt celui qui s'était bercé toute sa vie de l'espoir de vous voir heureux. Adieu donc, ma chère Louise ; adieu aussi, chère Marie ; adieu à toi, mon Léon ; à toi aussi, ma chère petite Jeanne, je dis adieu. Tâchez tous de consoler votre mère en l'entourant de vos soins et de vos caresses. »

Lorsque la misère entre dans un ménage, les époux n'ont pas toujours la sagesse de chercher une consolation dans leur affection ; leur caractère s'aigrit, ils deviennent injustes l'un pour l'autre ; et ces querelles contribuent quelquefois autant que la misère à déterminer le suicide de l'un ou de l'autre. « Mon gendre qui vient

Louis Proal

de se suicider, disait dernièrement un garçon de recettes, cherchait du travail depuis dix mois, sans réussir à en trouver ; il devait se contenter pour vivre de quelques rares remplacements qu'il faisait comme garçon boucher. D'autre part, ma fille, sa femme, était tellement affectée de cet état de choses, qu'elle était très surexcitée ; il survenait dans le ménage des disputes fréquentes, qui se sont terminées par le suicide de mon gendre. » La femme qui voit son mari manquer de travail, effrayée de la misère, adresse souvent au mari d'injustes reproches ; quelquefois même elle l'abandonne et retourne chez ses parents. Alors, resté seul, très affecté du départ de sa femme qu'il aime et du départ des enfants que sa femme a emmenés, le malheureux père redouble d'efforts pour trouver du travail, espérant que, le jour où il en aura trouvé, il rentrera en possession de sa femme et de ses enfants ; mais la fatalité s'acharne quelquefois sur certains ouvriers, rien ne leur réussit ; au moment où ils vont atteindre le but, un obstacle imprévu surgit, le travail qui a été promis est retiré, et alors les malheureux se donnent la mort. Une femme qui avait quitté avec ses enfants son mari, parce qu'il manquait de travail, appelée à donner des renseignements sur la cause du suicide de l'ouvrier, disait au commissaire de police : « Mon mari, ce matin même, était parti pour s'embaucher, mais, lorsqu'il est arrivé, la place qu'on lui avait indiquée était prise. Il m'a demandé à reprendre la vie commune ; je lui ai répondu que je ne rentrerais avec lui que lorsqu'il aurait trouvé du travail. Il me dit alors qu'il ne finirait pas l'année. » Il ne finit même pas la journée [4].

Une autre conséquence possible du manque de travail et de la misère, c'est la prostitution de la femme ou de la fille qui abandonnent le mari et le père pour aller vivre de la galanterie. Il n'est pas rare de voir alors l'ouvrier se suicider de désespoir. J'ai constaté plusieurs fois le suicide d'un père causé par la douleur de voir sa fille le quitter pour se livrer à la prostitution ; je n'ai jamais constaté de suicide de mère pour un motif semblable. Dernièrement, à l'occasion d'une affaire d'excitation de mineures à la débauche, qui a eu un certain retentissement, les journaux ont prétendu que la mère s'était suicidée de désespoir en apprenant que sa fille avait été arrêtée dans une maison de rendez-vous. Cette femme, en effet, avant de se jeter dans la Seine, avait écrit une lettre où elle attribuait son suicide à ce mobile. Mais l'instruction révéla que c'était la mère qui avait vendu sa fille, pour 5 000 francs, et elle ne s'était noyée que pour échapper à la justice. — Des jeunes filles pauvres se suicident pour ne pas être vendues par leur mère. Dernièrement on a retiré de la Seine le cadavre d'une jeune fille, sur lequel on a trouvé une lettre adressée à sa mère et ainsi conçue : « Tu sais pourquoi je me tue… » Les renseignements que j'ai recueillis ont confirmé la présomption que la mère avait voulu vendre sa fille et que celle-ci avait échappé à la prostitution par le suicide ; elle s'était confessée la veille et s'était préparée à la mort, comme une martyre.

La situation des ouvriers mariés, chargés d'enfants, devient plus atroce encore, quand l'un des conjoints vient à mourir. Resté seul avec de jeunes enfants dont il est obligé de payer les mois de nourrice, l'ouvrier qui a perdu sa femme tombe souvent dans la plus grande misère ; c'était le cas d'un marchand des quatre-saisons âgé de trente-huit ans, qui s'est asphyxié en laissant la lettre suivante : « Paris, 19 mai 1897. Je suis réduit à la dernière des misères, j'aime mieux mourir que mendier. Je n'accuse personne de ma mort, mais enfin je puis dire en toute sincérité que si ma famille ou l'Assistance, à laquelle je me suis adressé plusieurs fois, avaient voulu me venir en aide tant soit peu, je ne serais pas réduit à me donner la mort. En pleine saison de travail je meurs de faim. Il m'est impossible de payer mon mois de nourrice. Je suis découragé. Je vois et je sens que je ne puis plus arriver. » Au domicile de ce malheureux, resté veuf avec plusieurs enfants, on a trouvé une lettre de l'Assistance publique l'informant qu'on n'avait pu accueillir la demande de secours qu'il avait adressée afin de pouvoir payer le mois de nourrice de l'enfant. Au-dessous de cette lettre, le père, réduit au désespoir par ce refus, avait jeté ce cri d'indignation : « Les enfants légitimes ne valent pas pour l'Assistance les enfants illégitimes. Quelle morale ! Tas de crétins ! » Est-il vrai que l'Assistance publique a plus de souci des enfants naturels que des enfants légitimes, ou ne faut-il voir dans cette plainte que le cri de douleur d'un père désespéré ? J'ai recueilli des renseignements auprès d'un fonctionnaire autorisé ; il en résulte que l'Assistance publique réserve plutôt ses secours pour les filles-mères que pour les personnes mariées, parce qu'elle craint que les filles-mères ne fassent périr leur enfant, tandis qu'elle n'a pas la même crainte à l'égard des personnes mariées.

Louis Proal

La situation de l'ouvrier abandonné par sa femme, qui part pour suivre un amant, ressemble à celle du veuf : elle est cependant encore plus navrante. Un ouvrier ainsi abandonné par sa femme, qui lui laissait neuf enfants, lutta d'abord avec courage contre la misère, mais bientôt il fut débordé par les dettes ; on le vit devenir sombre, les yeux égarés, au point que ses plus jeunes enfants furent effrayés de ses allures bizarres ; quelques jours après, ils le trouvèrent pendu.

Des femmes aussi sont abandonnées par leur mari, ou brutalisées quand elles deviennent âgées, infirmes, ou quand elles ont trop d'enfants : « Hélas ! écrivait l'une d'elles, c'est triste, à mon âge, d'être obligée d'avancer ma mort pour échapper à la faim. Les coups, les humiliations, rien ne m'a manqué. Je m'en vais. Mon mari ne me battra plus, il ne me dira plus : « Tu ne « crèveras donc pas ? » — Lorsque le mari abandonne sa femme et ses enfants, habituellement il commence par envoyer une petite pension, mais bientôt il cesse de la payer ; ce jour-là, la misère entre dans le ménage de la femme abandonnée, et après quelques semaines ou quelques mois de lutte, le suicide entre aussi à la suite de la misère. Le 23 juillet dernier, une femme, âgée de trente-six ans, mère de trois enfants, s'est tiré une balle dans la tête ; la police a fait une enquête, les enfants entendus ont dit : « Maman nous avait annoncé plusieurs fois l'intention de se tuer, parce qu'elle n'avait plus d'argent. » La pauvre mère avait laissé la lettre suivante : « La vie m'est trop dure. J'ai lutté jusqu'au bout. Je bénis la personne qui prendra soin de mes enfants. » — « J'ai lutté autant que j'ai pu, écrivait une autre mère, je n'ai pu aller plus loin. Mes enfants, pensez souvent à votre pauvre mère, je vous aime bien. Mais vous savez pourquoi il faut que je meure. Oh ! que je souffre. Je meurs parce que j'ai peur de la misère. » — « On va dire, écrit une autre, que je n'ai ni cœur, ni courage pour abandonner mes enfants en me donnant la mort. Ah ! si l'on savait combien il m'en coûte de les quitter, mais la misère m'y force. Adieu, mes enfants. » Une femme qui avait recueilli les enfants de sa sœur, après avoir travaillé nuit et jour pendant plusieurs années pour les nourrir, se voit acculée à des dettes qu'elle ne peut éteindre ; après avoir tout vendu, elle s'asphyxie en écrivant à ses neveux : « Je vous laisse quinze sous de pain. » Lorsque le père et la mère viennent à mourir, les enfants sont quelquefois recueillis par les grands-parents qui survivent. Mais ceux-ci, âgés, le plus souvent infirmes, ne peuvent plus travailler ; quelques-uns se suicident de désespoir en voyant qu'ils ne peuvent plus gagner leur vie et celle de leurs petits-enfants. On trouve difficilement du travail quand on a les cheveux blancs. Les patrons préfèrent les ouvriers jeunes, vigoureux. Beaucoup d'ouvriers, après avoir travaillé toute leur vie, après avoir subi sans défaillance toutes les tentations, tombent dans la misère et se suicident pour y échapper. « C'est dur, après une vie de travail, de n'avoir pas de quoi manger après être resté trente-trois ans dans le même arrondissement », disait l'un d'eux, avant de se tuer. — Un autre écrivait : « N'ayant plus de quoi vivre, je meurs. J'aime mieux la mort que la misère. Mon casier judiciaire est intact. » — « Voilà comment on aide la vieillesse », s'écriait un troisième en se donnant la mort. — « La vie est trop lourde à supporter, écrivait à son fils un ouvrier âgé. Je m'en vais sans regrets. Je te quitte pour l'inconnu, mais il ne peut être pire que mon état. Vive la République sociale, qui ne laissera pas mourir de faim ses enfants. » — Un autre annonçait son intention de se suicider, en disant : « La vieillesse rapetisse, demain on me trouvera allongé. » — « Avec de mauvais yeux, une main dont je me sers difficilement, je ne puis plus lutter », écrivait une vieille ouvrière avant de se suicider. « Lorsqu'on devient vieux, écrit un maçon âgé de 68 ans, personne ne veut plus vous faire travailler ; on vous chasse de partout. Il faut mourir de faim ou tendre la main. Tendre la main, c'est la prison. La mort vaut mieux. On ne veut pas nous faire un abattoir ; il faut s'abattre soi-même. » — Un autre ouvrier, âgé de 62 ans, écrit de même : « Je suis sans travail et ne puis en trouver. On ne veut plus des vieux. Dès lors, je suis forcé de me détruire. Les vieux, il n'en faut plus. On devrait les tuer puisqu'on ne veut pas leur donner du pain. Puisqu'on ne le fait pas, il faut se tuer soi-même. Mais c'est égal, c'est un peu fort, après trente-huit ans de travail et quatorze ans de service militaire, d'être obligé de se donner la mort pour ne pas mourir de faim. C'est honteux pour la société. » Un certain nombre d'ouvriers, trop âgés pour travailler, sont secourus, logés, nourris par des parents, par des amis, par d'anciens patrons, par de simples voisins. Mais ces ouvriers ainsi assistés, quoique très reconnaissants, souffrent dans leur fierté de ces secours ; ils craignent d'être importuns ; et finissent quelquefois

Louis Proal

par se suicider pour ne pas être à charge aux autres. Une femme de soixante-douze ans se jette par la fenêtre ; ayant survécu quelques heures à ses blessures, elle dit : « Mon âge ne me permet plus de travailler, je suis dans la misère la plus complète, ce sont mes voisins qui me nourrissent, je ne veux plus vivre dans ces conditions. ». Une autre vieille femme écrivait : « Je ne peux plus travailler, voilà un an que je traîne la misère. La tombe est bonne pour moi. Du moment que l'on ne peut plus travailler, il faut partir : aujourd'hui ou demain, qu'importe ! Il faut toujours partir et le plus vite est le meilleur. » Des parents eux-mêmes, secourus par leurs enfants, se tuent pour les délivrer de cette charge. « Mon cher fils, écrivait une mère, je te dis au revoir, car je ne peux plus rester à ta charge. Toi, tu peux gagner ta vie, moi je meurs avec le chagrin de faire perdre à tout le monde. Il y a vingt ans que je souffre. Au revoir, mon cher (ils, ta pauvre mère. » L'époux, qui est à la charge de son conjoint, se suicide aussi quelquefois par délicatesse : « Je ne veux pas t'être à charge plus longtemps, écrivait un ouvrier à sa femme. Je suis vieux, malade, je ne peux plus travailler. Tu mettras ma pipe à la loterie : cela te fera quelques sous. »

Les vieux parents ne sont pas toujours secourus par leurs enfants ; on les voit se plaindre dans leurs derniers écrits de leur ingratitude. « Ne pouvant trouver du travail, écrit une vieille femme, obligée de vendre des journaux aux quatre vents, ne pouvant gagner ma vie, reniée et chassée par mon fils, je n'ai qu'un seul refuge : la mort. Vendez ce que j'ai pour payer les journaux d'hier et mon loyer. » — Un commissionnaire, âgé de soixante-sept ans, écrit avant de s'asphyxier : « Je quitte la vie sans regret. Je meurs sans avoir failli à la probité et à l'honneur. J'ai un fils qui demeure à… une fille qui habite à… Ils sont tous les deux ingrats et sans cœur comme leur mère, mon indigne femme ; ils m'ont privé de leurs visites depuis quatre ans et de celles de mes petits-enfants que j'adorais. » — « Ne pouvant trouver de l'ouvrage depuis trois mois, écrit un ouvrier âgé de soixante ans, il m'est impossible de vivre, car je suis à bout de ressources. Il est vraiment triste d'en arriver là, après avoir été honnête toute sa vie. Voilà deux jours que je n'ai rien mangé du tout. Cependant, j'ai deux enfants qui gagnent largement leur vie. La fille vient juste au jour de l'an chez moi. »

D'autres parents se résignent à l'ingratitude des enfants sans trop se plaindre, et quittent sans récrimination un monde où ils sentent qu'ils sont de trop : « Si je m'en vais, écrit à un ami un ouvrier terrassier abandonné par son fils, c'est que je suis affligé de soixante-trois ans et que je suis sourd, deux défauts qui ne se pardonnent pas. D'autre part, je suis trop fier pour mendier et trop honnête pour voler. Après avoir bien pesé le pour et le contre, j'ai compris qu'au lieu d'être malheureux pour le peu de temps qui me reste à vivre, je ferai mieux d'aller me reposer pour longtemps. J'ai travaillé jusqu'à soixante-trois ans. Dans trente ans, j'ai fait trois patrons. Il y a quinze jours que mon idée est arrêtée. Ce que je regrette, c'est d'avoir dépensé quinze francs pour un revolver qui ne peut me servir qu'une fois. La seule peur que j'éprouve, c'est de me manquer.

« Figurez-vous que la mort n'a rien qui m'effraie. Je lis mes romans, je chante, je regarde mon revolver et je dors bien.

A bas les vieux,

Place aux jeunes ! »

Ils se tuent aussi quelquefois parce qu'ils refusent d'aller dans les asiles où les enfants veulent les placer.- Ils éprouvent de la répugnance pour Nanterre, qui est tout à la fois un asile, une prison et un dépôt de mendicité. Lorsqu'ils sont recueillis par leur fils marié, souvent leur belle-fille les force à sortir par ses mauvais traitements : « C'est demain que mon fils doit me mettre à la porte, écrit un ancien ouvrier horloger, je ne veux pas attendre ce dernier affront. » — Un autre père écrit avant de se suicider : « Je ne veux plus manger le pain de mes enfants et être traité d'inutile. »

La cause la plus fréquente des suicides par misère à Paris est l'impossibilité de payer le loyer. Il est plus facile à un ouvrier de gagner jour par jour sa nourriture et celle de sa famille que d'économiser l'argent nécessaire pour le paiement d'un loyer, qui représente toujours une somme relativement élevée [5]. Le loyer à Paris devant être payé par trimestre, on voit, à chaque terme, une recrudescence de suicides par misère. Ayant reçu congé parce qu'ils devaient un ou plusieurs termes, un assez grand nombre d'ouvriers, de petits employés, d'ouvrières, aiment mieux mourir sur leur lit, dans leur chambre, que d'être jetés dans la rue sans savoir où aller. Ils ne peuvent se résigner à la nécessité de quitter

Louis Proal

le petit logement où ils ont vécu, de voir saisir le petit mobilier qui leur est si cher, d'aller errer dans la rue. « Je ne sortirai pas, on m'emportera », écrit une pauvre femme avant de s'asphyxier. — « Je m'en irai les pieds devant », dit une autre pauvre femme, qui ne mangeait pas à sa faim et se soutenait avec un peu de café, lorsque le propriétaire, à qui elle devait plusieurs termes, lui signifia son congé. — « J'aime mieux mourir sur mon lit que dans la rue », s'écrie une autre désespérée. Un ouvrier, âgé de quarante-deux ans, se pend après avoir tracé les lignes suivantes « Je dois de l'argent à M. P… (son propriétaire) ; ce n'est pas pour boisson, c'est pour le terme. Je payais 25 francs par mois, la chambre que j'occupe, obscure et sans air. » Un employé de commerce, âgé de cinquante-six ans, se jette à la Seine, on le retire de l'eau, on le ranime. Dès qu'il a repris connaissance, il s'écrie : « Je veux mourir, laissez-moi mourir ! » sans s'expliquer davantage, mais l'enquête révèle qu'il devait quatre termes de loyer. Un menuisier, âgé de quarante-six ans, s'asphyxia, laissant l'écrit suivant : « Voici bientôt seize mois que je suis toujours souffrant, ne pouvant travailler ; j'aime mieux me donner la mort que d'aller mendier. Ayant reçu congé, je ne sais où aller. Je n'ai rien à reprocher au propriétaire, il a été bon pour moi. »

Dans les procès-verbaux de suicides de ces deux dernières années, je n'ai trouvé que rarement des cris de colère contre les propriétaires : « Honte et malédiction contre M. X.., qui m'a fait saisir pour un retard de cinq semaines dans le paiement du terme d'avril, alors que je l'ai payé régulièrement jusque-là pendant trois ans. L'expulsion devant avoir lieu, deux vieillards, âgés l'un de soixante-quatorze ans, et l'autre de soixante-six ans, accablés de chagrin et sentant leurs forces les abandonner, se décident à en finir. Unis dans la vie, notre désir est de l'être dans la mort. » — Deux autres vieux époux, menacés d'expulsion par le propriétaire, s'asphyxient après lui avoir écrit : « Nous vous léguons nos deux cadavres. Vous nous avez tués pour 150 francs. » — Bien souvent, c'est faute de pouvoir payer une somme bien plus modique, de 15, 20, 25 francs, que des ouvriers, logés en garni au mois, à la semaine, aiment mieux mourir que d'être jetés à la rue.

C'est dans ce Paris, où les loyers sont si chers, où les objets nécessaires à l'alimentation coûtent un prix si élevé, où il y a tant d'encombrement dans toutes les professions, dans tous les métiers, que les provinciaux accourent en foule dans l'espoir de faire fortune rapidement [6]. Avant le chemin de fer, on venait peu à Paris. Le Limousin y envoyait des maçons, l'Auvergne des marchands de charbon et des porteurs d'eau, le Rouergue des marchands de vin, la Normandie des garçons bouchers et des garçons laitiers. Mais les provinces éloignées gardaient leurs habitants. Aujourd'hui le chemin de fer a déraciné la province ; du fond des Pyrénées et des Alpes, les provinciaux arrivent en foule à Paris, désertant les campagnes qui, sur certains points deviennent incultes, abandonnant les champs qui nourrissaient leurs ancêtres, pour venir battre le pavé de Paris, à la recherche d'une place. Les expositions, les trains de plaisir, ont favorisé cette émigration des campagnes et cet entassement des ouvriers à Paris. Au point de vue économique, les expositions peuvent présenter des avantages, ce dont je ne suis pas certain, mais au point de vue moral, elles présentent des dangers, des inconvénients considérables dont je suis très sûr ; elles augmentent le nombre des déclassés, des prostituées, des ouvriers sans ouvrage en amenant à Paris des jeunes gens, des jeunes filles qui veulent y rester et qui tournent mal. A chaque train de plaisir, on voit arriver des provinciaux qui croient trouver une bonne place en descendant de wagon. Ils viennent pleins d'illusions, avec les petites économies qu'ils ont faites, avec une petite somme d'argent que leurs parents leur ont donnée ou empruntée pour eux. Mais si quelques-uns trouvent la place convoitée, combien restent sur le pavé sans la trouver ! Leurs modestes ressources sont vite épuisées. Les parents écrivent alors à leur fils ou à leur fille : « Reviens au pays, reviens auprès de nous ; quitte ce Paris maudit, où tu souffres. » Mais l'enfant n'ose pas toujours suivre ce conseil ; il craint les reproches de ses parents, surtout les railleries de ses voisins, de ses camarades ; il reste à Paris, retenu par l'amour-propre ; et un jour les parents sont informés que leur fils, que leur fille, qui auraient été heureux au village, se sont asphyxiés ou se sont jetés dans la Seine.

Louis Proal

Section II

La misère et le suicide ne font pas seulement des victimes parmi les ouvriers. J'ai déjà dit combien est misérable à Paris la situation des petits employés, des courtiers et représentants de commerce, combien sont fréquents les suicides par misère parmi eux. Le petit commerce a été ruiné par les grands magasins. En outre, de petits commerçants, ne pouvant plus travailler pour cause de maladie, sont obligés de vendre leur fonds de commerce ; mais le prix qu'ils en retirent est souvent insuffisant pour les faire vivre, et alors ils sont acculés au suicide. Une maladie un peu longue suffit pour mettre dans la misère les petits employés : « Après les 18 mois de maladie et le décès de ma femme, écrit un employé de la Préfecture de la Seine, je me trouve complètement sans ressources. Les frais de pharmacien et de médecin coûtent cher à Paris. Le propriétaire, auquel je dois deux termes de loyer, me menace d'expulsion. Telle est ma situation. » Pour s'y soustraire, il se pend. — Les officiers en retraite sans fortune personnelle sont malheureux à Paris ; ils se font courtiers, représentants de commerce, agents d'affaires, tombent souvent dans la misère et aboutissent quelquefois au suicide.

Les catastrophes financières, qui ont été si nombreuses pendant ces dernières années, ont déterminé et continuent encore à déterminer des suicides. La catastrophe du Panama a ruiné un grand nombre de personnes qui avaient placé là leurs petites économies et provoqué parmi elles beaucoup de suicides. L'année dernière, un homme veuf et sa belle-mère qui vivait avec lui se sont pendus, après avoir bu une infusion de pavots, en priant le commissaire de police de les faire enterrer, car ils n'avaient plus rien, ils avaient tout perdu dans le Panama. — Un jardinier et sa femme, ruinés par le Panama, se sont asphyxiés. — Le 11 octobre 1897, un ancien ingénieur des chemins de fer de l'État, ayant perdu dans la catastrophe le petit capital qu'il avait amassé par vingt années de travail, écrivait : « Il y a six semaines que je meurs littéralement de faim et que je ne mange que deux sous de pain sec par jour, pendant qu'on me doit 80 000 francs. Je ne peux pas aller plus loin, le martyre est trop long et je préfère en finir de suite par l'acide carbonique. Depuis deux mois, je fais 60 kilomètres à pied dans Paris le ventre vide pour trouver du travail que je ne trouve pas. La mort finira mon supplice. »

La misère est plus difficile à supporter quand elle succède à l'aisance. Ce passage de l'aisance à la misère, qui est une cause fréquente de criminalité, est aussi une cause de suicides. En 1896, sept personnes exerçant des professions libérales se sont donné la mort par misère. J'ai observé la même année le cas d'un homme qui s'était ruiné complètement par des actes de générosité, en répondant pour des parents et des amis, qui tomba dans la plus grande misère et qui finit par se suicider en écrivant à sa femme : « Dans quatre jours, je ne serai plus ici ; tout ce qui me fait de la peine, c'est de te laisser dans la misère. »

Nous ne sommes plus à l'époque où les écrivains, les poètes surtout mouraient de faim et se tuaient de désespoir. « La faim mit au tombeau Malfilâtre ignoré », a dit Millevoye ; elle a conduit quelques hommes de lettres et quelques artistes à l'hôpital, elle a dirigé le pistolet de Chatterton. Mais on a beaucoup exagéré la misère des poètes ; la misère de Gilbert est une fausse légende, puisque, d'après le carnet de dépenses tenu par le poète et déposé à la Bibliothèque nationale, Gilbert avait 2 200 francs de revenu, ce qui en représente de 4 à 5 000 de nos jours, et qu'il prenait des leçons d'escrime et de danse. Ce qui est vrai, c'est qu'autrefois les parents avaient peur pour leur fille d'un mari poète ou artiste et tremblaient pour leur fils s'il avait la passion de la poésie ou de la peinture ; ils le croyaient voué à l'hôpital. Aujourd'hui, la profession de peintre et d'homme de lettres est devenue lucrative ; le métier nourrit son homme. Si H. Moreau et Verlaine sont allés à l'hôpital, c'est parce qu'ils ont vécu en bohèmes. Dans cette dernière année, je n'ai observé qu'un suicide par misère d'un peintre et deux suicides d'hommes de lettres. Il y a quelques mois, un homme de lettres, tombé dans la misère, s'est suicidé, après avoir écrit la lettre suivante : « Je meurs désespéré. Ma famille possède à X…, au cimetière de B…, un grand terrain où reposent mon père et ma mère. J'y voudrais aller dormir. Hélas ! je n'ai rien pour payer le transport de mon corps là-bas. »

Depuis quelques années, on constate plus souvent qu'autrefois des doubles suicides d'époux tombés dans la misère. Quelquefois même, les parents se suicident avec leurs enfants. En voici un

Louis Proal

exemple : un malheureux ouvrier est trouvé mort étendu sur son lit entre sa femme et sa fille, âgée de dix-huit ans, qui étaient aussi asphyxiées ; il avait laissé la lettre suivante : « Après avoir lutté et travaillé ensemble pendant tant d'années sans aboutir à aucun résultat, et nous sentant malades, ma femme et moi, nous avons résolu d'en finir avec la vie et de mourir ensemble. Ne nous étant jamais quittés, nous emmenons avec nous notre chère enfant, qui a voulu nous suivre. » La jeune fille avait aussi laissé une lettre d'adieux à sa marraine ; elle lui disait : « Vous nous trouverez unis tous les trois dans la mort comme nous l'avons été dans la vie. » — En mai 1897, deux vieux époux, infirmes, âgés le mari de soixante et onze ans, la femme de cinquante-huit, ne pouvant plus subvenir à leurs besoins, se sont asphyxiés ensemble sur leur lit, parce qu'ils étaient poursuivis par un créancier pour une somme de 40 francs. Dans ces suicides de familles entières, la mère éprouve encore plus que le père le désir d'entraîner avec elle ses enfants dans la mort, afin de ne pas les laisser souffrir dans ce monde, où elle a tant souffert. Il y a quelques mois, lorsque les époux X…, tombés dans la misère, résolurent de s'empoisonner et de tuer auparavant leurs petites filles, le mari, au dernier moment, recula devant l'horreur de ce projet ; mais la femme, voyant les hésitations de son mari, se leva la nuit sans l'avertir, alla s'agenouiller au pied du lit des enfants qui dormaient, les réveilla, leur fît avaler le poison et absorba le reste du flacon. On trouva la lettre suivante qu'elle avait écrite avant d'aller réveiller les petites filles : « Etant obligée de me séparer de mes enfants et voyant que mon mari traîne trop pour se décider, je préfère mourir avec eux ce soir. »

Mourir avec ceux qu'elle aime, avec ses enfants, avec son mari, avec son amant, est pour quelques femmes malheureuses, exaltées par la douleur, une suprême consolation. « Fatiguée de souffrir, écrit une couturière qui vivait maritalement avec un ouvrier n'ayant que la misère en perspective, je préfère me donner la mort. » Au bas de ces lignes, l'amant ajoute : « Moi, de mon côté, abreuvé de chagrins, ne pouvant trouver de travail, ayant tout vendu, je ne veux pas lui survivre. » — Une ouvrière âgée de trente-cinq ans, écrit au commissaire de police : « Je me tue et j'emmène mon enfant avec moi (l'enfant avait quinze mois), parce que je ne peux pas aider mon mari malade, et que, malgré l'économie que j'apporte dans le ménage, je n'arrive pas. Je compte sur votre bienveillance, pour que l'on ne me sépare pas de mon enfant. » — Il y a quelques mois, une mère s'est suicidée avec ses trois filles, l'une de quatre ans, l'autre de deux ans, la dernière de quelques mois ; elle se plaça sur un lit avec les deux aînées, pour attendre l'asphyxie ; le petit bébé fut laissé dans son berceau. — Tout dernièrement encore à Paris une lingère, tombée dans la misère, et décidée à se suicider, détermina son fils, âgé de quarante-trois ans, à mourir avec elle ; on trouva les deux cadavres assis dans un fauteuil devant une table ; le fils avait tiré un coup de revolver à la tête de sa mère et s'était ensuite brûlé la cervelle. — Une femme, âgée de soixante-quinze ans, s'est tuée avec son fils, ouvrier tailleur, âgé de cinquante-quatre ans ; ils avaient un loyer de 800 francs. Bientôt ils ne purent le payer ; la veille de leur expulsion ils s'asphyxièrent.

On sait qu'à l'exception des mendiantes et des ivrognesses, le souci de la toilette n'abandonne jamais la femme. Dans les suicides d'amour, la jeune fille se pare pour la mort comme pour une messe de mariage [Z]. Dans les suicides de misère, la femme la plus pauvre revêt sa robe la moins fanée (si elle en a deux, ce qui n'arrive pas toujours, car il y a des femmes pauvres qui n'en ont même pas une seule, et qui se tuent parce qu'elles n'ont plus de robe pour sortir) ; la mère qui va faire mourir ses enfants avec elle soigne leur toilette, par respect pour la mort et pour l'enterrement. La femme d'un ouvrier terrassier, mère de cinq enfants, voyant son mari, qui soutenait sa famille par son salaire, obligé de cesser son travail, pour aller subir une condamnation à quelques jours d'emprisonnement, résolut de se tuer avec ses enfants. Il lui restait une chèvre ; elle la vendit pour acheter à ses filles de petites robes neuves, qu'elle leur mit le jour de la mort. — Une femme âgée de quarante ans, qui vivait seule dans sa chambre et qui se suicida par misère avant de s'étendre sur son lit pour attendre l'asphyxie, fit sa toilette avec le plus grand soin, et prit ses précautions pour que son lit ne fût pas taché. — Une autre femme, tombée dans la misère, après avoir été dans l'aisance, est trouvée asphyxiée, ayant mis des bas et des chaussures de luxe, une robe rose et des gants blancs qu'elle avait conservés. — Un ouvrier resté avec trois jeunes enfants, après avoir lutté longtemps contre la misère, cédant au découragement songea au suicide ; il envoya ses enfants à l'école, après les avoir embrassés tendrement, en leur disant : « Vous vous amusez ce matin, ce soir vous pleurerez. » Après leur départ, avec le peu d'argent qui lui restait, il alla acheter pour chacun de ses enfants une paire de souliers neufs, qu'ils devaient mettre le jour de son enterrement, puis il écrivit une lettre, où il exprimait sa douleur d'abandonner ses enfants qu'il adorait, parce qu'il ne pouvait plus les nourrir, et se donna la mort.

Section III

Les moralistes, les poètes, ont vanté l'utilité de la douleur. La douleur, disent-ils, élève l'âme, purifie le cœur, réchauffe le talent :

L'homme est un apprenti, la douleur est son maître,

Et nul ne se connaît tant qu'il n'a pas souffert... Tout cela est vrai, quand l'homme a assez de force pour supporter la douleur, mais s'il ne l'a pas, il peut devenir fou de douleur ou alcoolique par besoin de s'étourdir. J'ai constaté que des ouvriers qui veulent faire vivre leur famille de leur travail, et non d'aumônes, éprouvent quelquefois un si violent chagrin de ne pas trouver de travail, qu'ils en perdent la raison, ou que leurs facultés mentales s'affaiblissent, sans aller jusqu'à la folie. — Lorsque la misère, les souffrances physiques et morales qui en résultent, ébranlent la raison et conduisent au suicide, ces suicides sont classés dans les statistiques parmi les suicides déterminés par la folie. Mais la cause première en est la misère. L'ouvrier sans travail cherche souvent aussi à s'étourdir par la boisson. Je suis certain que sur les cent vingt alcooliques qui se sont suicidés à Paris l'année dernière, il y en avait un certain nombre qui avaient été entraînés à des habitudes d'intempérance par le besoin d'oublier leur misère. L'alcoolisme n'est pas toujours la cause de la misère de l'ouvrier, il en est souvent l'effet. Donc pour avoir le chiffre exact des suicides déterminés par la misère à Paris, il faudrait en ajouter, je crois, une centaine qui sont classés sous les rubriques : par alcoolisme, par folie ; ce qui en porterait le total à 400 ou 450 par an.

Les écrits des suicidés, que j'ai reproduits dans le cours de cette étude, les détails dans lesquels je suis entré pour bien préciser leurs sentiments, le mobile de leur conduite, nous permettent de voir ce qu'il faut penser de la théorie de ceux qui trouvent dans le suicide une forme de la criminalité. D'après quelques criminalistes, le suicide et l'homicide dérivent d'un même état psychologique et physiologique. Ce sont, disent-ils, des formes diverses de la même immoralité, de la même dégénérescence.

Le suicide est si peu une forme de la criminalité, qu'il se produit, dans tous les cas de misère, pour échapper à la criminalité. Lorsqu'un ouvrier écrit : « Manquant de travail, mourant de faim, j'aime mieux me tuer que mendier et voler, » il me paraît difficile de voir en lui un criminel, puisqu'il se tue pour ne pas le devenir. Peut-on voir aussi un criminel dans le fabricant qui a écrit la lettre suivante : « Les différentes maisons qui jusqu'ici ont alimenté mon atelier ont changé leur genre de travail ; toutes à la fois cessent de m'occuper et je reste absolument sans travaux et dans la dure nécessité de congédier les quatre personnes que j'occupe. Je ne peux plus continuer un travail impossible maintenant sans faire des dupes, et c'est volontairement qu'en face d'un avenir qui m'effraye je cesse de vivre ? »

Tandis que les criminels font souffrir leurs victimes, les voient, les violent, les frappent et les tuent, les suicidés par misère sont pleins de tendresse et de dévouement pour leurs parents, leurs enfants, leurs amis, leurs voisins et même de sollicitude pour leurs propriétaires et leurs concierges. Souvent ils s'excusent par écrit auprès de ces derniers de leur donner l'ennui d'avoir un suicide dans leur maison ; quelquefois même, pour éviter cet ennui au propriétaire, ils lui écrivent qu'ils vont se donner la mort au dehors. Ce qui m'a beaucoup frappé dans les nombreux écrits des suicidés par misère, c'est l'absence de tout sentiment de haine contre le propriétaire, c'est le chagrin de ne pouvoir le payer, et le désir que le petit mobilier qu'ils laisseront serve à le désintéresser. Un ouvrier, peintre en bâtiments, âgé de cinquante-six ans, manquant de travail et à bout de ressources, ne pouvant payer son loyer, se pend après avoir écrit à son neveu : « Mon cher J..., la vie m'est à charge, je ne puis plus la supporter. Je te prie de vendre mes meubles, pour payer mon loyer. » — Un autre ouvrier, qui se tue parce qu'il ne peut plus donner le nécessaire à ses enfants, se préoccupe avant de mourir du paiement de son loyer : « Je ne dois que le terme qui court ; il sera payé par la vente de ce qu'il y a chez moi. »

Louis Proal

Quelques-uns, avant de se tuer, s'imposent des privations pour payer leurs petites dettes. « Etant sans ressources, abandonné de tout le monde et fatigué de la vie, je me suicide, écrit un pauvre ouvrier, mais je ne fais rien perdre à personne. On trouvera dans mon portefeuille une petite somme que j'ai économisée, pour la rendre à X…, qui a eu la bonté de me la prêter ; je me suis bien privé pour cela. » — Un autre ouvrier, avant de s'asphyxier avec sa femme, se rappelle qu'il n'a pas payé sa blanchisseuse ; il lui écrit pour la prier d'accepter en paiement le peu de linge qu'il a donné à laver. Tandis que de grands seigneurs au XVIIe et au XVIIIe siècle ne se croyaient pas déshonorés par leurs dettes, on voit des ouvriers si humiliés de ne pouvoir faire face à leurs engagements, qu'ils se tuent de désespoir. « Je me suicide pour des peines d'argent, écrit un ouvrier peintre en voitures. J'ai pris des engagements trop forts et ne peux arriver à m'acquitter. Je ne me sens plus la force de supporter ces humiliations. » — Un chaudronnier, âgé de 72 ans, père de cinq enfants, écrit à l'un d'eux : « Je me donne la mort parce que je suis dans la misère ; je te prie bien de payer ce que je dois : à la boulangerie, 7 fr. 20, à la blanchisseuse, 3 fr. 15, au charbonnier, 0 fr. 75. »

Ce souci des droits de leurs créanciers, cette absence de haine contre les propriétaires, chez de malheureux ouvriers, saisis quelquefois pour des sommes minimes de 40, 50 francs, sont d'éloquents témoignages des sentiments d'honnêteté qui subsistent chez beaucoup d'ouvriers à Paris, malgré les excitations des journaux révolutionnaires. Si on trouve parmi eux des paresseux, des débauchés et des alcooliques, c'est peut-être aussi parmi eux qu'on rencontre le moins d'égoïsme, le plus de dévouement, de droiture et de tendresse, L'amour conjugal, l'amour paternel, l'amour filial, trouvent pour s'exprimer dans ces lettres d'ouvriers les termes les plus touchants. « Je vais rejoindre votre mère, que j'ai tant aimée, écrit à ses enfants un ouvrier de soixante-dix ans. Mon dernier souhait, si vous pouviez l'obtenir, ce serait de mettre mon corps dans sa fosse, c'est-à-dire de me retirer de mon cercueil, d'ouvrir le sien et de mettre mon corps sur le sien ; je serai près d'elle. » — Un autre, âgé de soixante ans, se jette dans la Seine ; on trouve sur son cadavre les lignes suivantes écrites au crayon : « Je ne puis plus vivre sans ma femme. Quarante-sept ans de mariage. Je vais la rejoindre. » — Un entrepreneur maçon tombé dans la misère se tue, après avoir écrit à sa femme : « Ma petite femme, combien je suis peiné de me séparer de toi et de mon petit Emile, mais j'y suis obligé, je suis dans la misère ; je vous rendrais malheureux. Tu es jeune, tu pourras avoir encore du bon temps. Je meurs en pensant à vous. Adieu, je vous embrasse mille fois, car je vous aimais bien. » — Beaucoup d'ouvriers qui se tuent par misère expriment aussi dans les termes les plus touchants le désir d'être enterrés auprès de leur père et de leur mère. Je ne reproduis pas ces lettres, pour ne pas fatiguer les lecteurs. Je me borne à cette réflexion que l'on trouve chez les hommes du peuple plus fréquemment que chez les heureux du monde, des suicides d'enfants inconsolables de la mort de leurs parents et des suicides de veufs et de veuves désespérés de la mort de leur conjoint ; et je crois qu'Alfred de Musset était dans le vrai quand il disait :

Les gens d'esprit ni les heureux

Ne sont jamais bien amoureux,

Tout ce beau monde a trop affaire,

Les pauvres en tout valent mieux ;

Jésus leur a promis les cieux,

L'amour leur appartient sur terre.

Après avoir passé en revue toutes les causes de la misère imméritée, le chômage forcé, l'insuffisance du salaire, la maladie, les accidents du travail, les charges de famille, le veuvage, la vieillesse, l'encombrement des métiers par l'invasion des provinciaux, il me reste à rechercher la cause de la fréquence des suicides par misère.

Faut-il l'attribuer exclusivement à l'accroissement de la misère ? Je ne le pense pas. Sans doute, depuis quelques années, la situation commerciale et industrielle de Paris n'est pas brillante, la gêne s'introduit de plus en plus dans un grand nombre de ménages d'ouvriers, de petits bourgeois, de modestes fonctionnaires, d'anciens officiers, insuffisamment payés et retraités pour pouvoir supporter les lourdes charges de la vie à Paris. Mais la misère proprement dite, c'est-à-dire l'impossibilité de faire face aux besoins pressants de nourriture, de logement et d'habillement ne me paraît pas plus fréquente qu'à d'autres époques, où il y avait cependant moins de suicides. Seulement, on sait moins souffrir qu'autrefois, on sait moins se résigner. En 1896 à Paris, 269 personnes se sont suicidées pour se soustraire à des souffrances physiques, 171 pour échapper à diverses contrariétés. Le 28 octobre 1897, un horloger et sa femme se tuent parce qu'ils sont dans une situation gênée : « Nous ne pouvons plus vivre, écrivent-ils, à cause de la terrible concurrence que nous subissons. » Ils préparent leur suicide avec gaieté, font un dîner soigné et s'asphyxient. On veut une chose impossible, la vie exempte d'ennuis, de tristesses, de maladies ; et quand la douleur arrive, physique ou morale, on aime mieux se faire sauter la cervelle que la supporter.

Cette observation ne s'applique pas aux ouvriers qui ne peuvent plus nourrir leurs enfants, mais à un grand nombre de personnes qui sont dans un état de gêne voisin de la misère et se tuent *par crainte de la misère*, avant que la misère réelle soit venue. Je lis, par exemple, ce qui suit dans la lettre d'un suicidé : « Ce n'est pas un désespéré qui s'en va, mais un homme qui, en vieillissant, devient paresseux et ne veut pas être malheureux. Si je n'ai pas eu la satisfaction de connaître l'aisance, j'ai eu celle de ne pas connaître la misère, et je ne veux pas faire sa connaissance. » Chez un assez grand nombre de suicidés, je vois revenir cette idée que, lorsqu'on n'est pas heureux, ce n'est pas la peine de vivre. On a affaibli le ressort moral du peuple en lui disant que la vie présente est faite pour le bonheur et non une épreuve pour mériter une autre vie. Autrefois plutôt souffrir que mourir était la devise générale ; aujourd'hui, la devise est renversée et on dit : « plutôt mourir que souffrir » Les suicides de vieillards sont aussi plus fréquents ; il n'est plus exact de dire :

Le plus semblable aux morts meurt le plus à regret.

Beaucoup de vieillards se plaignent d'être trop longtemps épargnés par la mort. « Puisque la Parque m'oublie, écrit en souriant un vieillard de quatre-vingt-trois ans, c'est à moi à couper le fil de ma vie. » — Dans plusieurs de ses fables, La Fontaine a mis en scène des malheureux sans pain, accablés par la vieillesse et la misère, qui appellent la Mort à leur secours et qui s'empressent de la congédier dès qu'elle arrive. Je ne sais si les hommes sont devenus plus nerveux, plus sensibles qu'autrefois, à la douleur, ou moins courageux, moins résistants, mais aujourd'hui

La mort aux malheureux ne cause pas d'effroi.

Un petit ramoneur de douze ans, que j'invitais à prendre des mesures de prudence pour éviter un danger, me répondit dernièrement : « Oh ! cela nous est égal à nous autres de mourir. » La semaine dernière, une pauvre femme racontant à l'audience un accident qui aurait pu être mortel pour elle disait : « Quand j'ai vu venir la voiture sur moi, j'ai eu peur non pas d'être tuée (que m'importe !) mais d'être écrasée sans être tuée. » Les ouvriers de Paris ont plus de peur de la misère que de la mort. Un ouvrier malheureux, qui s'était jeté dans la Seine et qu'on avait repêché, fut placé à la maison de travail d'Auteuil ; on le garda quelque temps, on lui donna du travail, on lui permit ainsi de faire quelques économies et on lui trouva une place. Le jour de son départ, au moment de franchir la porte, il ne put s'empêcher de dire : « J'ai peur. » On m'a cité d'autres cas semblables d'ouvriers qui, recueillis après une tentative de suicide déterminée par la misère, exprimaient une véritable terreur de la misère en rentrant dans Paris. La mort leur inspirait moins d'effroi. « Ce n'est qu'un mauvais moment à passer, disent-ils, et après on a le repos, le sommeil éternel. » Ces mots de repos, de sommeil, ne disent rien à l'imagination des heureux de ce monde qui peuvent se reposer, dormir tant qu'ils veulent, mais sur les malheureux ils exercent une sorte de fascination. On trouve souvent dans leurs écrits cette pensée : « Comme je vais bien dormir ! » La mort ne fait même plus peur aux jeunes filles. Une jeune modiste âgée de dix-sept ans, qui était alors sans travail, disait au mois d'août dernier à une religieuse, qui me l'a raconté, que, si elle n'avait pas de travail dans un mois, elle irait se jeter dans la Seine. Dernièrement une jeune fille s'est empoisonnée pour un chagrin d'amour, sous les yeux d'une amie qui l'a regardée faire, trouvant la chose toute naturelle ; c'est l'amie qui était allée chercher le poison. Au mois de juillet dernier, quatre jeunes femmes se sont asphyxiées ensemble, en disant qu'elles étaient lasses de la vie et qu'elles voulaient se soustraire aux chagrins qu'elles éprouvaient.

J'attribue ce défaut de résignation à l'affaiblissement du sentiment religieux dans le peuple de Paris. Au VIIe siècle et dans la première moitié du XVIIIe le sentiment religieux s'était maintenu dans le peuple, pendant qu'il s'était affaibli dans les hautes classes de la société. Aujourd'hui, c'est la situation inverse qui se produit : à

Louis Proal

mesure que les hautes classes, par conviction ou par intérêt et par mode, comprennent la nécessité sociale de la religion, le peuple de Paris s'en éloigne de plus en plus. Il y a trente ans, tout en perdant ses croyances chrétiennes, le peuple de Paris avait conservé la religion naturelle, la croyance en Dieu et à une vie future ; mais aujourd'hui l'indifférence religieuse et même l'hostilité sont si répandues, que j'ai trouvé dans un grand nombre de lettres la demande d'un enterrement civil.

Quelques-unes de ces demandes sont écrites correctement, en quelques mots : « Pas d'Église ! » dit l'un. — « Mon inhumation, bien entendu, doit être civile », écrit un autre. — « Ne me faites pas passer par l'église, je n'y tiens pas », recommande un troisième. Le plus grand nombre de ces demandes d'enterrement civil sont moins remarquables par la libre pensée que par la libre orthographe qui y règne ; et je demande aux lecteurs la permission de reproduire quelques-unes de ces lettres, qui me paraissent constituer des documents d'un très haut intérêt sur l'état moral et intellectuel des ouvriers de Paris. « Je donne mon cadavre à lecolle de médecine, écrit un charpentier âgé de cinquante-six ans, ci elle veut bien l'assepter à condition que l'on me fasse insiserer au crématoire du paire la chaise. Je laisse deux orphelins sent le sous. Je ne désire pas de corbiare. Pas de seremonie religieuse. » — Un marbrier, âgé de soixante ans, dont la femme est malade, annonce à ses parents la résolution qu'il a prise de se tuer : « Il y a longtemps que ça ne va pas. Plus d'argent. Des dettes ! Plus de logement. Plus de travail. Pas de prêtre. Pas de veillée, pas de lumière autour de moi. Faites moi incinéré si sa ne coûte rien. » — Autre lettre : « Chers beaufrère, aux momens que vous recevrez ma lettre, j'aurai cesset de vivre. Faites-moi incinérer. Je vous lais tous mes outils. » — « Je désire être enterré sivillement. Que mon cor soit livré à la faculté de médecine oust si toute fois long m'enterre qu'il soit siville. » Le nombre des libres penseuses s'accroît comme celui des libres penseurs. Des mères de famille font enterrer leurs enfants civilement et leur refusent un enterrement religieux. Dernièrement une jeune fille, avant de se suicider, écrivait à sa mère pour la supplier de lui accorder un enterrement religieux. On trouve dans les dossiers de suicides un certain nombre de lettres de femmes demandant l'enterrement civil et même l'incinération. « Je vous prie, écrivait l'une d'elles au commissaire de police, de vouloir bien, après les constatations nécessaires, faire procéder à mon incinération, cérémonie civile et de dernière classe. Les cendres seront employées comme engrais ou enfermées dans une urne sans plaque ni indication. »

Il est d'ailleurs exact que, dans quelques lettres de suicidés par misère, on trouve la persistance de sentiments religieux. Ils souffrent tant, qu'ils s'imaginent que Dieu regardera cette souffrance comme une expiation anticipée du suicide. La foi ne préserve donc pas toujours du suicide, j'en conviens : toute règle comporte des exceptions. Mais, il me paraît certain que, sans la foi à un autre monde où ceux qui pleurent seront consolés, sans la croyance à un Dieu qui impose la vie comme une épreuve, et qui défend d'en sortir sans son ordre, l'homme qui souffre cède plus facilement à la tentation d'aller trouver le repos dans la tombe. Ne plus souffrir, perdre le souvenir de ses souffrances passées, la sensation de ses souffrances présentes, la crainte de ses souffrances futures, comme c'est tentant pour celui qui ne croit plus à rien ! La foi ne supprime pas la douleur, elle l'endort, elle la berce, elle la calme, elle l'empêche de dégénérer en désespoir.

Mais si la foi console, elle ne donne pas du travail et du pain à ceux qui en manquent, elle n'empêche pas l'encombrement des ouvriers dans Paris, ni les accidents, elle ne rend pas la santé aux épileptiques, ni la jeunesse aux vieillards. Il faut donc, pour ces diverses catégories de misères, diverses œuvres de bienfaisance, d'assistance. Les œuvres de charité qui distribuent des vêtements, des aliments, des secours, ne manquent pas. Mais il reste encore beaucoup à faire pour secourir la misère la plus digne d'intérêt, celle qui est trop fière pour demander l'aumône, qui ne veut que du travail. Non seulement il y a des chômages accidentels dus à une foule de causes, mais il y a aussi des chômages normaux qui se reproduisent chaque année dans certains métiers.

Comment parer à ces chômages ? comment remédier aux détresses qui en résultent ? L'Etat ne peut pas évidemment être tenu de fournir du travail à tout ouvrier qui vient à en manquer. Ce serait admettre le *droit au travail* et faire revivre les ateliers nationaux de triste mémoire. Mais ce que l'Etat ne peut pas faire, l'initiative privée doit le faire et elle a commencé à le faire, en créant depuis quelques années des asiles [8] où l'ouvrier sans travail

Louis Proal

est recueilli pendant quelques jours, où on lui donne du travail, en attendant qu'il ait pu se placer au dehors. Le directeur de l'asile s'occupe lui-même de ce placement, et c'est là la partie la plus importante de sa tâche. Pourquoi les ouvriers, dont j'ai raconté les souffrances et le suicide par suite de chômage forcé, ne s'adressent-ils pas à ces asiles ? C'est, je crois, pour les deux motifs suivants : ces asiles sont trop peu nombreux ; en outre, ne disposant que de ressources très limitées, ils ne peuvent pas payer à l'ouvrier le prix normal de la journée, ils lui donnent la nourriture, le logement et, je crois, 0 fr. 45 par jour : un ouvrier célibataire peut être sauvé par cette assistance, un ouvrier marié, père de famille, ne peut pas l'être. En outre, la nature du travail qui est exécuté dans ces ateliers, pliage d'imprimés, défonçage de vieux corsets, etc., humilie un bon ouvrier. Ce qu'il faut à l'ouvrier soucieux de sa dignité, c'est un vrai travail de menuiserie, de serrurerie, d'ébénisterie, etc., et non un travail de prison. C'est ce qu'ont compris les fondateurs de la Maison de travail d'Auteuil, 54, avenue de Versailles, où l'ouvrier reçoit 2 francs pour sa journée de travail et est occupé à des travaux de menuiserie, d'ébénisterie et de blanchisserie. La supérieure de cette maison de travail a créé en outre une œuvre admirable ; elle donne du travail à domicile aux mères de famille ; elle en a donné à 747 mères de famille qui ont reçu en salaire 42 574 francs. Cette œuvre, qui fait tant de bien, pourrait en faire davantage, si l'Etat et la Ville de Paris lui venaient en aide, comme ils devraient le faire, par de larges subventions. N'est-il pas triste de penser qu'avec un budget colossal l'État, qui nourrit des milliers de fonctionnaires inutiles [2], qui dépense à des travaux et à des expéditions d'une utilité douteuse des sommes considérables, ne sait pas trouver quelques milliers de francs pour aider les maisons d'assistance par le travail qui préservent du désespoir tant d'ouvriers manquant de travail ? On devrait donner, à titre de subvention aux ateliers d'assistance par le travail, la moitié des sommes dont disposent les bureaux de bienfaisance. Les ouvriers les plus dignes n'osent pas par fierté s'adresser aux bureaux de bienfaisance, à peine s'ils osent demander des bons de travail, car il leur semble que c'est une forme de la mendicité dont ils ont horreur. Ce sont souvent les ouvriers les moins méritants qui obtiennent par des sollicitations réitérées ou des recommandations politiques les secours des bureaux de bienfaisance, dont ils font un mauvais usage. En donnant du travail, au lieu d'un secours en argent, on ferait un triage entre les malheureux qui veulent vivre de mendicité et ceux qui veulent travailler.

Pourquoi aussi laisser sur le pavé de Paris des épileptiques indigents qui veulent se placer, mais qui sont toujours renvoyés et qui finissent de désespoir par se suicider ? Pourquoi n'y a-t-il pas à Paris un asile spécial pour les épileptiques non aliénés ? pourquoi confondre ceux qui sont recueillis avec les aliénés de Bicêtre et de la Salpêtrière ? Pourquoi ne pas faire pour eux ce qui a été fait pour les aveugles et les sourds-muets ?

Pourquoi ne trouve-t-on pas à Paris d'œuvre analogue à celle que l'abbé Rambaud a fondée à Lyon pour donner le logement aux vieux ouvriers ? On a vu combien sont fréquents les suicides, au moment de payer le terme de loyer. De toutes les charges qui pèsent sur une famille d'ouvriers, la plus lourde est celle du paiement du loyer ; elle est écrasante pour les ouvriers âgés ; gagnant à peine de quoi subvenir à leur nourriture et à leur entretien, comment peuvent-ils économiser pour payer le propriétaire à la fin du trimestre ? Donner le logement à un ouvrier âgé, c'est le secourir plus efficacement que si on lui assurait une rente de 300 francs. A Paris les asiles pour les vieillards ne manquent pas, mais ils sont insuffisants et mal compris [10]. Tout d'abord, ils brisent les liens de famille, ils séparent les époux ; en outre, ils les font vivre dans l'oisiveté, alors qu'ils pourraient encore un peu travailler ; enfin, transportés dans un dortoir d'hospice, les vieillards ne sont plus chez eux, ils n'ont plus leur petit mobilier. Aussi qu'arrive-t-il ? Plusieurs de ces vieillards, logés, nourris, chauffés gratuitement dans ces maisons de retraite, en sortent volontairement pour reprendre leur liberté et se suicident ensuite, parce qu'ils sont trop malheureux. Dans la cité de l'abbé Rambaud, on concède gratuitement un domicile aux vieux ouvriers, sans leur enlever leur liberté, leurs relations, leur famille ; ils sont *chez eux*, ils s'installent dans un domicile avec leur métier ; en tout cas, la cité ne les nourrit pas, c'est à eux à se débrouiller. L'abbé Rambaud a compris la nécessité de ne pas briser les liens de famille, en séparant de vieux époux qui presque toujours ont enfants et petits-enfants, de ne pas avilir ces pères et mères, grands-pères et grand'mères, en leur enlevant toute

Louis Proal

responsabilité, toute vie propre, toute liberté, toute suprématie sur leurs enfants, en leur enlevant leur vieux mobilier, la possibilité de recevoir encore chez eux leurs enfants, leurs vieux amis, de boire une bouteille et de casser une croûte à leur table, de se chauffer à leur feu, de fumer leur pipe sur leur porte. La liberté est une si belle chose ! Manger son pain à soi, chez soi, c'est si bon !

Voilà l'œuvre admirable qu'a fondée à Lyon l'abbé Rambaud. Je souhaite que Paris s'en inspire. C'est le meilleur mode d'assistance pour les vieux ouvriers. L'assistance ne doit pas être seulement dévouée, généreuse, elle doit être surtout éclairée, intelligente, en substituant de plus en plus à l'aumône l'assistance par le travail, en donnant du travail à l'ouvrier qui en manque et un logement gratuit à l'ouvrier âgé, qui ne peut plus se suffire.

Notes

1.   Les institutrices qui viennent échouer dans des asiles ne peuvent pas comprendre que leur diplôme ne leur fasse pas donner tout de suite une place : « Après avoir tant étudié, après avoir tant travaillé pour avoir le brevet d'institutrice, est-il possible, disent-elles, de rester sans place ! » Au premier abord, elles ont de la répugnance pour le travail manuel, parce qu'elles ne le connaissent pas ; en général, elles ne savent pas se servir de leurs doigts ; puis, quand on leur a appris à repasser, elles y prennent goût (le repassage est, paraît-il, un travail très amusant pour les jeunes filles), et on peut les placer comme femmes de chambre ou comme bonnes d'enfants. Le jour où elles acceptent cette modeste situation sans en être humiliées, elles sont sauvées.

2.   Lorsqu'on interroge une jeune prévenue sur les causes de son inconduite, bien souvent elle répond : « Il faut bien que je mange ! »

3.   D'après M. d'Haussonville et M. Charles Benoist, le salaire de la couturière en lingerie descend jusqu'à 1 fr. 25 par jour ; celui de la couseuse de sacs à 0 fr. 75, 0 fr. 60. Ces chiffres, donnés par eux en 1883 et en 1895, ne me paraissent pas avoir changé. Une couturière, femme d'un ouvrier tailleur, qui s'était suicidé, expliquant le motif du suicide de son mari, disait : « Mon mari

n'avait pu se procurer de l'ouvrage depuis trois semaines. Je ne gagne moi-même que 0 fr. 50 par jour, ce qui était insuffisant pour notre nourriture et notre entretien. »

Les grands magasins de Paris, à l'exception de la Belle-Jardinière qui paye bien le travail, ont amené une grande baisse sur le salaire de la couturière, parce qu'ils donnent beaucoup de travail en province. Les couvens aussi, en faisant beaucoup de bien d'un côté, font du mal d'un autre côté, en prenant les travaux de couture à un prix dérisoire. Rien n'est plus complexe, plus difficile à résoudre que les problèmes relatifs à la misère et à l'assistance.

4.   Les ouvriers à Paris ont tant de peine pour nourrir, habiller et loger leurs enfants, que quelquefois la femme mariée, déjà mère de plusieurs enfants, si elle devient enceinte, se fait avorter ou se suicide. Il y a quelques mois, une pauvre femme, mère de onze enfants, étant devenue enceinte d'un douzième enfant, pendant qu'elle nourrissait le onzième, fut si effrayée de l'impossibilité où elle allait être de travailler, qu'elle se fit avorter et mourut des suites de l'avortement.

5.   La charité privée, toujours ingénieuse à Paris, a inspiré la création de quelques caisses de loyer qui encaissent pour l'ouvrier chaque semaine la petite somme qu'il peut économiser pour son loyer, et qui la doublent au moment du terme. Mais ce secours est très souvent insuffisant.

6.   Les asiles de femmes à Paris sont presque uniquement remplis de filles venant de la province. — Tous ces ruraux, qui meurent de faim à Paris, pourraient vivre heureux en province en cultivant les terres qu'ils abandonnent. Dans certaines régions de la Provence, des coteaux plantés d'oliviers, des terres qui autrefois produisaient du blé, ne sont plus cultivés. Dans certaines parties des Basses-Alpes, l'émigration est si grande, qu'on ne cultive plus que les terres qui sont près des villages ; les terres éloignées sont abandonnées. Pour retenir la population dans les campagnes, il faudrait remanier l'impôt foncier.

7.   Je prends la liberté de renvoyer le lecteur, sur ce point, à une étude sur l'Amour et la Mort, que j'ai publiée dans la Nouvelle Revue du 15 mai 1897.

8.   M. le pasteur Robin a créé, en 1880, rue Fessart, 56, à

Louis Proal

Belleville, la première maison hospitalière. En 1892, M. Defert, maire du VIe arrondissement, a fondé l'Union d'assistance par le travail au marché Saint-Germain. — Il existe des ateliers semblables dans quelques autres arrondissements, dans le XVIe, dans le IIe, etc.

9.   Le nombre des fonctionnaires, qui était de 271 000 en 1858, s'est élevé à 400 000 en 1896.

10.   A Nanterre, par exemple, les vieillards qui forment la 4e section, sont hospitalisés à côté des mendiants déjà condamnés. — Les asiles pour les vieillards sont en outre si insuffisants, que l'on envoie à l'asile Sainte-Anne, qui est un asile d'aliénés, les vieillards dont les facultés commencent à baisser.

ISBN : 978-1544236308